Andreas Herz

Der Buddha als Coach

Andreas HERZ

Der Buddha als Coach

ACHTSAMKEIT

Band eins

Impressum

Erste Auflage 2014

Copyright© 2014 Andreas Herz MSc

Verlag: epubli GmbH, Berlin, www.epubli.de

Lektorat: Dr. Wolfgang Wildner

Foto: Foto Fischer

ISBN: 978-3-7375-0376-1

Alle Rechte vorbehalten.

Inhaltsverzeichnis

Vorwort

Der mittlere Weg

Erkenne dich selbst

Die drei Typen des mittleren Weges

Der innere Verweigerer

Der innere Antreiber

Der innere Achtsame

Die inneren Stimmen

Die Stimme des Verweigerers

Die Stimme des Antreibers

Die Stimme des Achtsamen

Achtsamkeit

Sati – die Kraft des Buddhas

Energie und Widerstand

Übungen

Ü1 – Die unbewegte Ruhe

Ü2 – Die bewegte Ruhe

Ü3 – Die Stimme der Stille

Ü4 – Die Weite der Stille

Abwesenheit der Probleme

Das Tagebuch der drei inneren Anteile

Der alte Mann und der Wolf

Über den Autor

Das Seminar zum Buch

Anhang

Arbeitsblätter

Hinweis

»Dieses Buch wurde als Form des Selbstcoachings konzipiert und enthält dadurch keine Seiten-Nummerierungen. Sie sollten es in einem durchlesen und anschließend als Arbeitsgrundlage verwenden um damit die eigenen inneren Anteile des Verweigerers, des Antreibers und des Achtsamen kennenzulernen.«

VORWORT

Mit dem ersten Band meiner Buchreihe »Der Buddha als Coach« möchte ich mich bei den vielen Menschen bedanken, die sich nach der Veröffentlichung meines ersten Buches bei mir gemeldet haben. Nachdem »Steh auf und geh weiter. Mein Leben mit Krebs − Achtsamkeit als Weg zur körperlichen und spirituellen Heilung« im Buchhandel erschienen war, bekam ich sehr viele Mails und Briefe in denen sich die Leser für meine Offenheit und meinen Mut bedankten, mit denen ich über meine Krankheit berichtete und schrieb. Die Übungen im zweiten Teil empfanden viele als sehr hilfreich für ihr Leben, und − was mich ganz besonders freute − als sehr verständlich und einfach zu praktizieren. Denn genau darum ging es mir in diesem Teil des Buches: Alte und über Jahrtausende erprobte Techniken und philosophische Lehren so weit zu reduzieren, dass sie auch für Nichtbuddhisten verständlich und praktizierbar werden. Aus meiner Sicht wollte der Buddha durch seine Lehrreden nicht erreichen, dass alle Menschen Buddhisten bzw. buddhistische Gelehrte werden, sondern dass wir erkennen, wer wir sind und über welche Kräfte wir in uns verfügen, um am Ende die eigene Befreiung zu erlangen. Diese Kräfte schlummern in jedem Menschen und führen uns, wenn einmal erwacht, in eine zufriedenere und glücklichere Welt. Gerade in unserer künstlich schneller werdenden Welt wird es eine der wesentlichsten Aufgaben werden, diese Kräfte zum Schutz unserer physischen, psychischen und geistigen Entwicklung zu entdecken und zu nutzen.

> *»War der Tag nicht Dein Freund, dann war er Dein Lehrer«*
>
> Asiatischer Spruch

Die Techniken und Lehren so einfach wie möglich darzustellen, um das Tor zu unseren inneren Kräften zu öffnen, ist die Schwierigkeit unserer Zeit. Dieser Herausforderung möchte ich mich mit der Buchreihe »Der Buddha als Coach« stellen. In den schwersten Zeiten meiner Krankheit entdeckte ich eine Kraft in mir, die ich als »Die innere Stimme« bezeichne. Wann immer ich nicht mehr weiter wusste oder auch nicht mehr konnte, führte mich diese Stimme wieder auf den richtigen Weg, in die richtige Richtung zurück. Ich hoffe, Sie glauben mir, wenn ich Ihnen versichere, dass ich während meines Kampfes gegen den Krebs nicht verrückt geworden bin. Denn natürlich meine ich mit dieser Stimme nicht eine innere oder äußere fremde Stimme in mir. Diese innere Stimme finden wir alle in uns, z.B. als Intuition in Form von inneren Gedanken, Bildern usw. Sicher kennen Sie auch Situationen aus Ihrem Leben, wo Sie plötzlich eine innere Stimme hörten oder innere Gedanken hatten, und diese Stimme, diese Gedanken nichts anderes waren als eine richtige Eingebung zur richtigen Zeit.

Sie können dieser inneren Stimme auch gerne einen Namen geben. Ob Sie sie inneren Buddha, Jesus oder einfach nur Franz oder Sissi nennen, spielt dabei keine Rolle, denn es ist immer ein innerer Anteil Ihres eigenen Geistes, der Zugriff auf alles hat, was Sie bisher gehört, gesehen, gespürt, geschmeckt, ertastet und gedacht haben. Während meines Studiums der buddhistischen Psychologie und Philosophie am Institut Seiner Heiligkeit, des Dalai Lama (IIHTS), dachte ich sehr oft darüber nach, was der Buddha mir in Bezug auf meine Krebserkrankung geraten hätte. Und siehe da, meine innere Stimme − mein eigener Geist − antwortete immer sofort auf die inneren Gedanken und Fragen.

Bemerkenswert fand ich, dass sich diese inneren Antworten immer als richtig und dadurch auch leiblich als sehr angenehm erwiesen. Später entstand durch diesen inneren Dialog die Idee, dem Buddha in der heutigen Zeit als Coach eine Stimme zu verleihen, um dadurch Menschen zu helfen, den eigenen Weg zu finden, und sie dabei zu unterstützen, diesen Weg auch zu gehen.

> *»Wege entstehen dadurch, dass man sie geht.«*
> Franz Kafka

Auf den nächsten Seiten wird das erste Thema »Achtsamkeit« meiner Buchreihe *»Der Buddha als Coach«* in einer einfachen und für jeden praktizierbaren Art beleuchtet. Techniken werden so weit reduziert, dass sie sofort und ohne zusätzlichen Zeitaufwand ins eigene Leben integriert werden können. Jeder Band dieser Ratgeberreihe wird ein Thema aufgreifen und in

Dialogform mit dem Buddha als Coach abhandeln. Dadurch wird es dem Leser möglich, diese Buchreihe als Form des Selbstcoachings für das eigene Leben zu nutzen, denn sobald Sie die Fragen und Antworten in diesem Buch lesen, wird sich Ihre eigene innere Stimme bemerkbar machen, um Sie dabei zu unterstützen, Ihr Leben in die Hand zu nehmen und bewusst zu gestalten.

Ich hoffe, dass ich mit dieser Buchreihe einen Teil jener Energie weitergeben kann, die sich während meiner Krebserkrankung entwickelt hat und die mich durch die schlimmsten Zeiten meines Lebens getragen hat.

Ihr

Andreas Herz

Der mittlere Weg

In unserer modernen Zeit werden Bereiche wie ausgewogene Ernährung, aktives Fitnesstraining oder Work-Life-Balance, um nur einige zu nennen, immer wichtiger, um unsere Gesundheit zu fördern und zu erhalten. Würdest du sagen, dass wir damit auf dem richtigen Weg sind?

Im Grunde genommen schon. Betrachtest du diese Bereiche jedoch genauer, wirst du bemerken, dass es sich dabei aber nicht klassisch nur um Ernährung, Bewegung oder Entspannung handelt, sondern um eine Art zu leben, die schon vor über 2500 Jahren als der mittlere Weg gelehrt wurde. Es geht darum, die Pole der Extreme zu meiden

> *»Ich würde ja, aber...«*
> Der Verweigerer

und wie ein Pendel in der Mitte zu verweilen. Ein Zuviel an Nahrung lässt deinen Körper genauso erkranken wie ein Zuwenig davon. Mit den Nahrungsmitteln die Balance zu halten, ist im Bereich Ernährung der einzig richtige Weg, um die eigene Gesundheit zu fördern und zu erhalten. Würdest du während des ganzen Jahres diese Balance aufrechterhalten, wären alle Modediäten überflüssig, denn du würdest damit nicht nur dein gewünschtes Gewicht halten, sondern auch deiner Gesundheit einen wesentlichen Dienst erweisen.

Gleich verhält es sich mit dem Bereich Bewegung und Sport. Auch hier geht es um die richtige Balance zwischen zu wenig und zu viel an Bewegung. Jeder vernünftige Sportler weiß über die Folgen von zu viel Training genauso wie über die Wirkungslosigkeit von zu wenig Training

> *»Das bringt nichts!«*
> Der Verweigerer

Bescheid. Auch hier zeigt sich der mittlere Weg als der einzig sinnvolle, um die Gesundheit zu erhalten und zu fördern. Aber nicht nur in der privaten Welt lässt sich die Lehre vom mittleren Weg anwenden. Auch in der heutigen Arbeitswelt finden wir immer mehr Begriffe, die unmittelbar auf den mittleren Weg verweisen. Nehmen wir den Begriff Work-Life-Balance. Was, außer dass man versuchen soll, die innere Mitte zu finden, um eine Balance zwischen zwei Polen – in diesem Fall Arbeit und Freizeit – herzustellen, kann damit gemeint sein? Wenn du achtsam bist, wirst du dieses Modell der Balance überall um dich herum finden.

Heißt das, ich finde dieses Modell des mittleren Weges auch in meinem Körper?

Ja, auch in uns findet sich dieses Modell der Balance wieder, z.B. in unserem Körper bei unseren Muskeln. Hier wird ein Muskel als Antagonist bezeichnet, der der Gegenspieler eines anderen Muskels, des Agonisten, ist. Dieses antagonistische Wirkungsprinzip findest du auch in anderen, weiteren Bereichen deines Körpers. Es ist z.B. auch bei der Pupillenreaktion zu beobachten, bei der Vergrößerung und Verkleinerung durch den Musculus dilatator pupillae und den Musculus sphincter pupillae erfolgen.

Während meiner Krebserkrankung bemerkte ich in mir auch zwei Teile. Der eine Teil wollte immer kämpfen, der andere Teil wollte immer aufgeben. Haben diese inneren Anteile auch etwas mit diesem Prinzip zu tun?

Ja, denn dieses antagonistische Wirkungsprinzip finden wir nicht nur in unserem materiellen Körper, sondern auch in unserem Geist. Hier sind es die zwei Anteile unseres Geistes, die ich als den inneren Antreiber und den inneren Verweigerer bezeichne, die nach diesem Wirkungsprinzip arbeiten und funktionieren.

Es geht also um die Balance zwischen Anspannung und Entspannung, zwischen Aktivität und Passivität?

Ja, man könnte auch sagen, um das richtige Maß im Leben. Dass das aber nicht so leicht ist, da es kein allgemein-gültiges Maß gibt, welches für jeden und jede gilt, werden wir später noch sehen. Wenn wir nun die buddhistischen Lehren genauer betrachten und diese aus dem Kontext der Lehre der Reinkarnation (denn davon handeln sie letztendlich) herauslösen, finden wir

> *»Ich bin zu müde!«*
> Der Verweigerer

eine Lehre, die ganz einfach auf unser normales tägliches Leben anwendbar ist. Der größte Vorteil der Lehre des mittleren Weges liegt aber darin, dass wir diese Lehre, diese Lebensweisheit ohne fremde Hilfe jederzeit anwenden und in unser Leben integrieren können. Im Leben dreht sich doch alles um unsere Entscheidungen. Es geht darum, was wir essen, was wir tun, was wir denken. Hast du das erst einmal verstanden, bist du frei und kannst auf deine eigenen Handlungen und auf dein eigenes Leben direkten Einfluss nehmen.

Kann ich das so verstehen, dass ich, sobald ich weiß, wo meine persönliche Mitte liegt, die Lehre des mittleren Weges als Training zu mehr Fitness, mehr Gesundheit, mehr Wohlbefinden, mehr Zufriedenheit und mehr Ausgeglichenheit verwenden kann, und der Alltag – man könnte sogar sagen die ganze Welt – zu meinem Fitnessstudio, meinem Dojo wird?

Na ja, wenn du die Lehre des mittleren Weges auf so einfache Bereiche wie Fitness, Gesundheit, Zufriedenheit und Wohlbefinden reduzieren möchtest, dann ja. Hast du erst einmal mit dem Training des mittleren Weges begonnen, wird jeder Tag, ja sogar jede Minute deines Lebens zu deinem ganz persönlichen Trainer und Lehrer.

Erkenne Dich selbst

»Erkenne Dich selbst« stand am Eingang zum Tempel von Delphi. Doch wie erkenne ich mich selbst, wie erkenne ich meinen eigenen Charakter?

»Lass es!«
Der Verweigerer

Na ja, das ist gar nicht so schwer, du musst nur die richtige Technik, die richtige Methode anwenden, um zu erfahren, wer du bist. Der bekannte Psychoanalytiker C. G. Jung würde sagen: »Im Spiegel des anderen kannst du dich erkennen.« Um das zu erreichen, kannst du deinen Partner fragen, was er an dir mag, aber auch, was ihn an dir stört. Du kannst auch deine Freunde fragen, welche Eigenschaften sie so besonders an dir schätzen und welche sie nicht so toll finden. Dadurch erhältst du eine Wahrnehmung über dich, die man in der Fachsprache »Fremdwahrnehmung« nennt. Kombinierst du diese Fremdwahrnehmung nun mit deiner eigenen Wahrnehmung über dich selbst, so erhältst du eine erste Analyse deines Charakters. Dein Hauptcharakter liegt nun in jenem Bereich, wo es am meisten Überschneidungen zwischen der Wahrnehmung von außen (also deiner Familie, deinen Freunden etc.)

und der Wahrnehmung von innen (deiner eigenen Wahrnehmung) gibt. Eine weitere Möglichkeit, dich selbst zu bestimmen, findest du, indem du meine drei Typen des mittleren Weges, die in diesem Buch vorgestellt werden, studierst und danach eine gewisse Zeit dich selbst dabei beobachtest, wie du auf die verschiedenen Situationen deines Lebens reagierst. Schreibe dazu deine Art zu reagieren in dein Tagebuch und ordne die Reaktionen einem der beschriebenen Typen zu. Durch das Führen deines persönlichen Tagebuchs wirst du mit Anteilen von dir in Berührung kommen, die C. G. Jung als Schattenseiten bezeichnet hat.

»Andere halten mich nur auf!«
Der Antreiber

Nach dieser Idee sind unsere Schattenseiten, einfach ausgedrückt, Persönlichkeitszüge, die wir an uns nicht mögen und sogar vor uns selbst verleugnen. In meinem Modell der drei Typen findest du diese Schattenseiten ausschließlich in den Typen des inneren Verweigerers und des inneren Antreibers. Wenn du dann beginnst, deine Schattenseiten zu erkennen und zu akzeptieren, näherst du dich automatisch dem dritten Typus, dem Typus der Achtsamkeit. Seine Schattenseiten zu erkennen, heißt also, die eigenen Pole der Extreme zu erkennen. Bringen wir nun unsere Schattenseiten ins Licht, beginnen wir, uns mit unserem inneren und äußeren Leid zu versöhnen. Wir beginnen zu verstehen, warum wir leiden und wie wir diesem Leid entkommen,

»Verschwende keine Zeit dafür!«
Der Verweigerer

es beenden können. Aus buddhistischer Sicht sind unsere Schattenseiten jene Anteile in uns, die uns schaden und in uns und um uns herum Leid verursachen. Diese Leid erzeugenden Anteile in uns werden als die sechs Wurzel- und zwanzig Nebenleidenschaften bezeichnet und finden sich nur in den beiden Typen des inneren Verweigerers und des inneren Antreibers. Zwischen diesen beiden Typen befindet sich der Typus des Achtsamen mit den elf heilsamen Geistesfaktoren. Betrachten wir nun die drei Typen einzeln, so werden wir sehen, dass sich einige Wurzel- sowie Nebenleidenschaften in Bezug auf den inneren Verweigerer sowie den inneren Antreiber überschneidend zuordnen lassen. Einzig die elf heilsamen Geistesfaktoren lassen sich nur dem Typus des Achtsamen zuordnen. Beginnen wir

> *»Ich bin der Beste!«*
> Der Antreiber

nun diese elf heilsamen Geistesfaktoren in unser Leben zu integrieren, verringern sich dadurch automatisch die sechs Wurzel- sowie die zwanzig Nebenleidenschaften. Es verhält sich ähnlich, wie wenn du Schnee in die Sonne hältst: Der Schnee schmilzt, sobald er der Kraft der Sonne ausgesetzt ist. Die Wurzel- und Nebenleidenschaften schmelzen, sobald sie der Kraft und der Energie der elf heilsamen Geistesfaktoren ausgesetzt sind.

Sind alle diese heilsamen Geistesfaktoren gleich bedeutend oder gibt es welche, die man unbedingt praktizieren sollte?

Wenn du mit dem Training des mittleren Weges beginnst, gibt es zwei dieser elf heilsamen Geistesfaktoren, welche am Anfang unbedingt notwendig sind, das sind Achtsamkeit und Tatkraft. Kombinierst du Tatkraft mit Achtsamkeit, befreist du eine Kraft in dir, die in den alten buddhistischen Schriften als *sati* bekannt ist und einen inneren Kreislauf startet, den man heute vielleicht als persönliches Entwicklungsmanagement bezeichnen würde.

Die drei Typen des mittleren Weges

Du sagst, dass ich mein Selbst durch das Beobachten der drei Typen des mittleren Weges erkennen kann. Kannst du mir diese drei Typen näher erklären?

Ja, kann ich. Doch bevor ich dir die drei Typen des mittleren Weges erkläre, sollten wir zuvor erläutern, was in diesem Zusammenhang mit dem Begriff »Selbst« gemeint ist. Wenn ich von einem Selbst spreche, so meine ich damit keine beständige und unwandelbare Identität, sondern vielmehr ein Konstrukt, welches vollkommen aus

Nicht-Selbst-Elementen besteht. Man könnte also sagen, dass du durch das Beobachten der drei Typen dein Nicht-Selbst erkennst. Denn gerade darum geht es, zu erkennen, warum wir so handeln, wie wir handeln, und wer hinter diesen Handlungen steht. Wenn dir bewusst wird, wie Handlungen aus deinem Geist heraus entstehen, wirst du bemerken, dass vieles von dem, was geschieht, ganz ohne dein bewusstes Zutun geschieht. Dein Problem liegt nun darin, dass du dich mit diesem automatischen Handeln identifizierst, es als dein Selbst ansiehst. Durch das Beobachten der drei Typen des mittleren Weges ist es nun aber möglich, diese illusionäre Natur deines eigenen Selbst zu erkennen und aufzulösen. Du wirst also nicht dein eigenes Selbst entdecken, sondern vielmehr innere Anteile von dir kennenlernen, welche du bis jetzt als Selbst bezeichnet und akzeptiert hast. Wir drücken das ja auch sehr oft in unserer Sprache aus, wenn wir z.B. sagen: »Ich bin so kraftlos, ich bin so unruhig, ich bin so traurig.« Identifizierst du dich nun mit diesen inneren Gefühlen, beginnst du zu leiden. Erkennst du aber diese Gefühle als innere Anteile an, die durch deinen eigenen Geist erzeugt werden, kannst du diesen automatischen Kreislauf unterbrechen und dadurch die Leid erzeugenden Gefühle beenden.

Verstehe ich es richtig, dass du meinst, dass das von mir genannte Selbst nichts anderes ist als die Summe der drei Typen des mittleren Weges?

»Das brauchst du nicht!«
Der Verweigerer

Ja genau. Das Selbst, an das du glaubst und an dem wir alle festhalten, ist nichts anderes als die Summe der drei Typen des mittleren Weges.

Es existiert nicht aus sich selbst heraus, sondern nur durch die Interaktion der drei inneren Typen. Beendest du die Interaktion der drei inneren Typen, löst sich das eigene Selbst auf und es bleibt reines Sein übrig.

Sind diese drei Typen des mittleren Weges bei jedem Menschen gleich angelegt?

Na ja, die drei Typen des mittleren Weges lassen sich zwar auf jeden Menschen in jeder Situation des Lebens anwenden, grundsätzlich muss man aber sagen, dass wir Menschen alle verschieden sind. Jeder denkt, fühlt und handelt anders als der andere. Auch wenn wir sehr oft dazu neigen, zu glauben, auch die anderen sähen die Welt ein wenig wie wir, sind wir doch immer wieder

»Du musst!«
Der Antreiber

erstaunt, wenn jemand eine so völlig andere Sicht der Dinge hat als wir und sein Leben so ganz anders lebt. Umso schwieriger wird es, wenn wir versuchen, die Menschen verschiedenen Typen zuzuordnen, sie in genaue Kategorien einzuteilen. Auch wenn der Versuch, Menschen in genaue Charaktere zu unterteilen, um dadurch ihr Verhalten oder Ähnliches leichter zu bestimmen, so alt ist wie die Menschheit selbst, ist es bis heute nicht wirklich gelungen.

Was steckt eigentlich hinter diesen Versuchen? Warum wollen wir unsere Mitmenschen so genau verstehen, sie am liebsten nach vorgegeben Kriterien einteilen?

Ich würde sagen, weil wir glauben, dass wir uns dadurch schneller und besser kennenlernen können, um am Ende gute, richtige und lebenswichtige Entscheidungen treffen zu können.

Wie steht es nun um den menschlichen Charakter? Gibt es ihn oder gibt es ihn nicht?

Diese Frage können wir heute ziemlich sicher beantworten. Natürlich gibt es den menschlichen Charakter. Aber er ist immer einzigartig, auch wenn es sehr viele gleiche und sich überschneidende Bereiche zwischen den einzelnen Charakteren gibt, ist doch jeder Mensch – und dadurch auch sein Charakter – einzigartig. Doch die wirklich interessante Frage ist eine andere. Es ist die Frage: Wie kann ich an meinem Charakter arbeiten und diesen verändern? Und genau hier kommt mein Modell der drei Typen des mittleren Weges zu tragen. »Erkenne dich selbst« stand schon am Eingang zum Tempel von Delphi. Leider gab es aber keinen Hinweis, kein Modell, wie wir dies bewerkstelligen sollten. Gerade das »Erkenne dich selbst« und das damit verbundene Verlassen des eigenen Standpunktes, um eine Sicht von einem anderen Standpunkt zuzulassen, war und ist unser Problem. Durch unser Leben, unsere Erziehung, unsere Umgebung entwickeln wir ein gewisses Muster, wie wir handeln und denken, eine Art Autopilot, der für uns denkt und reagiert. Diese Art zu handeln und zu denken schreibt sich in unser Gehirn als neuronale Bahnung ein, wie mittlerweile alle Hirnforscher bestätigen und aufzeigen. Für unser Leben heißt das: Unser Gehirn benützt den schnellsten und kürzesten Weg, um Entscheidungen zu treffen, nämlich erprobte und bekannte Wege. Jetzt kann man natürlich einwerfen, dass das durchaus seinen Sinn hat. Hat es ja auch. Das Problem an diesem Autopiloten liegt aber daran, dass neue, andere, vielleicht bessere Wege und

»Du musst alles perfekt machen!«

Der Antreiber

Möglichkeiten, um auf die täglichen Lebenssituationen zu reagieren, erst gar nicht wahrgenommen und dadurch auch nicht möglich werden. Festgefahrene Muster sind dadurch sehr schwer zu ändern. Wollen wir auf bestimmte Situationen anders reagieren, als wir es unser ganzes Leben lang getan haben, müssen wir unser Gehirn über eine gewisse Zeitspanne in unserem neuen gewünschten Verhalten trainieren. Joachim Bauer, ein führender Hirnforscher unserer Zeit, sagt, dass sich unser Gehirn durch Erfahrungen, die wir machen, ständig weiterentwickelt. Es ist also unsere Aufgabe, uns in Bezug auf unser Verhalten zu beobachten, um Schritte für unsere Weiterentwicklung setzen zu können. Was aus Sicht der heutigen Hirnforschung unsere Entwicklung vorantreiben soll, wurde in der Lehre des mittleren Weges schon vor über 2500 Jahren gelehrt. Es geht um das Beobachten unserer Handlungen und unseres

Denkens, um uns zu einem ausgeglichenen Charakter zu verhelfen, der in seinen Handlungen und seinen Gedanken den mittleren Weg sucht und die Pole der Extreme bewusst meidet. Es geht also um eine Hinentwicklung zum achtsamen Typus des mittleren Weges. Natürlich werden wir, wenn wir uns die drei Typen des mittleren Weges genauer betrachten, nur wenige Menschen finden, die einen Typ in seiner Reinheit leben. Meistens leben wir eine Mischform aus allen drei Typen. Daher kann man die Typenlehre des mittleren Weges als prozessorientierte Persönlichkeitslehre verstehen, die das natürliche Persönlichkeitswachstum hin zum Typus des Achtsamen begleitet und beschreibt. C.G. Jung formulierte das ja schon treffend mit seinem Wort »Individuation«, was nichts anderes bedeutet als das der Mensch zu dem wird, was er eigentlich ist – »Das handelnde Subjekt eines individuellen Entwicklungsprozesses«.

Der innere Verweigerer

Der innere Verweigerer fürchtet sich vor der Entfaltung seiner eigenen Persönlichkeit. Er macht alles, um von anderen geliebt zu werden. Er hilft anderen, wo er nur kann, ja, er strampelt sich regelrecht für andere ab. Die anderen sind ihm wichtiger als er selbst. Der innere Verweigerer ist der klassische Helfertyp. Er ist vergleichbar mit einem Menschen in einem Flugzeug, der in einem Notfall zuerst einem Kind die Sauerstoffmaske überziehen möchte und erst danach sich selbst mit Sauerstoff versorgen würde. Dass diese Vorgehensweise falsch ist, wissen wir aus den regelmäßigen Belehrungen vor jedem Start eines Flugzeuges. Erst wenn ich mich selbst versorgt

> *»Ich möchte schon, aber...«*
> Der Verweigerer

habe, kann ich anderen Menschen eine Hilfe sein. Aber gerade hier liegt das Problem des inneren Verweigerers. Er macht für sich selbst nichts, ja, er denkt im extremen Fall sogar, dass er es nicht verdient hat, für sich etwas zu wollen. Der innere Verweigerer neigt dazu, zu jammern, denkt sehr stark negativ und ist in seiner Haltung eher passiv. Er geht allem aus dem Weg, was Verpflichtungen bedeuten könnte. Er liebt Traditionen und vermeidet wenn möglich jegliche Veränderung in seinem Leben. In seiner Art ist der Typus des inneren Verweigerers zwar höflich und freundlich, in seinem Denken bleibt er aber konservativ und misstrauisch. Er agiert zurückhaltend und vorsichtig, um nicht in eine Situation zu kommen, in welcher er eine Entscheidung treffen müsste. Ein geregelter, routinemäßiger Verlauf im Leben gibt ihm Sicherheit und Halt, daher findet man ihn auch sehr häufig als den klassischen Familientyp. Er braucht ein funktionierendes soziales Umfeld um sich herum, welches ihn stützt, da er selber unentschlossen ist. Wenn man ihn mit Energie und Enthusiasmus für eine neue Sache motivieren möchte, zieht er sich in sein Schneckenhaus zurück und wartet, bis die Luft wieder rein ist. Eigenmotivation ist für ihn ein Fremdwort, da er sich selbst nie als wichtig genug erachtet, um etwas für sich selbst zu tun. Der innere Verweigerer leidet an seiner unbewussten Haltung, sein Leben nicht verändern zu können, und lebt daher im Extrem des Sich-Aufgebens. Wenn man ihn fragt, ob er sein Leben verändern möchte, sagt er »Ja, ich möchte« und im gleichen Atemzug »Ich kann aber nicht«. Ist der innere Verweigerer aktiv, neigt man zu wenig bis gar keiner Bewegung. Ernährung benützt er zur

> *»Ich kann nicht!«*
> Der Verweigerer

Luststeigerung und um seinem Frust zu entkommen. Man kann ihn auch als bodenständigen Esser bezeichnen, welcher auch in diesem Bereich an seinen Gewohnheiten festhält und kulinarische Moden eher meidet. Er verfügt über einen schwachen Geist mit einer schwachen Konzentrationsfähigkeit und neigt zu negativen, pessimistischen Gedanken. Als Farbe entsprechen ihm am ehesten erdige Farbtöne, da er zwar sehr geerdet erscheint, in Wirklichkeit aber nur auf der Erde liegt und nicht von seinem Fleck wegkommt. In seinem Denken ist der innere Verweigerer problemorientiert, da er mit seiner Aufmerksamkeit nach hinten, auf die Vergangenheit

»Es geht nicht!«
Der Verweigerer

gerichtet ist. Hier sieht er aber nur die negativen Bereiche. Ressourcen, die ihm schon einmal geholfen haben, blendet er völlig aus.

Lebensmotto

Ich kann nicht, es geht nicht, es bringt nichts, ich schaffe es nicht.

Zeitorientierung

Problemorientiert, nach hinten, auf die negativen Teile der Vergangenheit gerichtet.

Der innere Antreiber

Der innere Antreiber ist ein Macher, ein Dominanz-Typ mit hoher Durchsetzungskraft, der sehr leistungsbezogen ist. Er will etwas bewegen. Gefühle sind für ihn Ballast, weshalb er nicht auf sie eingeht.

Ja, man kann sogar sagen, dass Menschen, die über ihre

»Aufgeben gibt es nicht!«

Der Antreiber

Gefühle sprechen, für ihn suspekt sind. Nach dem Motto »Ein Krieger kennt keinen Schmerz« gestaltet er sein Leben. Er ist als Mensch hoch kontrolliert und sachlich orientiert. Er kommt sehr gut mit sich allein zurecht, möchte von anderen nicht zu stark abhängig sein, weshalb er zu anderen Menschen eine eher scharfe Grenzziehung durchführt. Er

> »*Gib Gas, ich will Spaß!*
> Der Antreiber

braucht die Menschen nur, um seine Selbstdarstellung zu leben. Er liebt die Bühne, sucht Situationen, in welchen er sich darstellen und seine Pseudorealität zur Schau stellen kann. Er ist ein Selbstdarsteller und verfügt über ein Talent im Reden. Mit ihm wird es nie langweilig, da er ständig auf der Suche nach neuen Reizen ist. Er ist sehr risikofreudig, wodurch er aber auch sehr oft Rückschläge hinnehmen muss. Traditionen sind ihm ein Gräuel. Er liebt das Neue, das Risiko und die Gefahr. Man erkennt ihn auch sofort an seinem Auftritt. Im Gegensatz zum Verweigerer und zum Achtsamen »erscheint« der Antreiber. Bei Veranstaltungen ist er nicht zu übersehen, da er öffentliches Ansehen, Macht und Prestige sucht. Er spricht ausschließlich in der Ichform und liebt Status-symbole. In der Kommunikation mit anderen ist er stark abwertend und moralisierend. In seinem Egotrip wirkt er arrogant, aggressiv und sehr selbstsicher, dahinter versteckt sich aber meistens ein verunsicherter, mit wenig emotionaler Kompetenz ausgestatteter Mensch. In seiner Art zu beherrschen und zu kontrollieren, steckt eine innere Angst des Loslassens. So wie sich der Verweigerer hinter

> *»Nur die Harten kommen durch!«*
> Der Antreiber

seinem »Ich kann nicht« versteckt, versteckt sich der Antreiber hinter seinem »Ich muss«. Beide sind nicht fähig, sich dem Fluss des Lebens hinzugeben, sondern verharren an einem der beiden extremen Pole des Lebens. Essen ist für den Typus des inneren Antreibers eine Notwendigkeit, aber keine Lust. Er ernährt sich eher eiweißreich und kalorienarm.

> *»Ich will es!«*
> Der Antreiber

Sein Geist ist unruhig und ständig auf der Suche, dadurch verfügt er über eine schlechte Konzentration. Sein Denken ist ausschließlich zielorientiert. Die Farbe, die ihm zugeordnet ist, ist das Rot des Feuers. Ähnlich einem Feuer verhält sich der Antreiber. Alles, was er in Besitz nimmt, verzehrt er sofort – so, wie es auch das Feuer macht – und verwandelt dabei alles sofort in Energie. Doch genau hier liegt sein Problem, denn so, wie sich die Sonne langsam aber sicher selbst verzehrt, so zerstört sich auch der innere Antreiber kontinuierlich durch seine Art zu leben.

Lebensmotto

Ich will es, ich schaffe es, ich gebe Vollgas.

Zeitorientierung

Ausschließlich zielorientiert, nur nach vorne auf die Zukunft gerichtet.

Der Achtsame

Der achtsame Typus ist ein Mensch, der Ruhe und Gelassenheit lebt und diese auch ausstrahlt. Er übernimmt Verantwortung für sein Leben und, wenn gewünscht, auch für andere. Er ist stärker beziehungs- als sachorientiert, was aber nicht heißen soll, dass er in Bereichen nicht zu finden ist, in welchen eine sachorientierte Haltung vonnöten ist. Doch auch wenn er eine sachorientierte Haltung einnimmt, stehen im

Mittelpunkt seiner Überlegungen und Handlungen immer die Wesen. Er weilt in der Mitte zwischen dem Extrem des inneren Verweigerers und dem Extrem des inneren Antreibers und versucht das Leben zu erforschen. Er ist auf der Suche nach dem Neuen, nach dem Unbekannten, bleibt aber dabei in seiner Mitte und wird nicht getrieben wie der Antreiber. Im Gegensatz zum Verweigerer vermeidet er den Rückzug und bleibt aktiv. Als Mensch ist er offen, unkompliziert, konstruktiv und tolerant. Sprüche wie »Genieße dein Leben, erforsche dein Leben« oder »Sag Ja zum Leben« sind in seiner Anwesenheit immer wieder zu hören, ohne dass sie dabei wie aufgesetzte Plattitüden klingen. Seine Lebenslust, seine Vitalität, seine Neugierde, sein Optimismus und sein Freiheitsdrang sind ansteckend für seine Umgebung, weshalb er ein gern gesehener Gast ist und über einen hohen Freundeskreis verfügt. Er erscheint immer mit einem Lächeln im Gesicht, da er den direkten Anschluss an die Energien des Lebens gefunden hat. Seine Lebenslust äußert sich in seiner gesamten Körperbewegung und seinen freundlichen Gesichtszügen. Allein durch seine lebendige, energetische Ausstrahlung und seine kommunikative Art kommt der achtsame Typus überall gut an und ist ein gerne gesehener Zeitgenosse. Menschen fühlen sich hingezogen zu seiner Energie und suchen seine Nähe. Er ist sehr hilfsbereit, kann sich gut in Menschen hineinfühlen und spürt empathisch, wie es anderen geht. Er liebt es, in Welten einzutauchen, welche sich mit Spiritualität, Philosophie, Kunst und Politik auseinandersetzen. Der achtsame Typus erlebt bewusst seine Gefühle, bleibt aber nicht bei diesen hängen wie eben der Verweigerer und der Antreiber. Neue Situationen beobachtet er sorgfältig, bevor er sich eine Meinung bildet. Er zieht eine ausgeglichene Ernährung vor, neigt aber öfter zu vegetarischer Kost. Da er in seiner eigenen inneren Mitte ruht, verfügt er über eine ausgezeichnete Aufmerksamkeit und Konzentrationsfähigkeit. Seine Gedanken kennt er, da er die Fähigkeit besitzt, diese zu beeinflussen und zu steuern. Seine zugeordnete Farbe ist gelb, da er wie die Strahlen der Sonne Wärme ins Leben bringt.

Lebensmotto

Sag Ja zum Leben.

Zeitorientierung

Prozessorientiert auf das Hier und Jetzt der Gegenwart gerichtet.

Natürlich leben wir keinen Typus in seiner Reinform, sondern eine Mischung aus allen dreien. Ziel des Achtsamkeitstrainings des mittleren Weges ist es, den Typus des Achtsamen zu fördern und zu stärken, um dadurch die beiden extremen Pole des inneren Verweigerers und des inneren Antreibers zu verringern bzw. die in diesen beiden Extremen steckende Energie wieder der eigenen inneren Mitte zuzuführen. Sind wir in unserer Mitte angekommen, ist der Autopilot abgeschaltet und unser Geist befindet sich in einem ausgeglichenen Ruhezustand, in welchem wir über unsere Energie wieder frei verfügen können. Ab diesem Zeitpunkt können wir die zielorientierte Energie des Antreibers genauso wie die problemorientierte Energie des Verweigerers bewusst für unsere eigene Entwicklung einsetzen und die heilsamen Zustände unseres Geistes fördern.

Jetzt sind wir wieder das handelnde Subjekt unseres ganz persönlichen Entwicklungsprozesses.

»Habe Geduld mit jedem Tag deines Lebens«

Asiatischer Spruch

Die heilsamen und unheilsamen Zustände des Geistes

Der Verweigerer	Der Achtsame	Der Antreiber
Zweifel	Achtsamkeit	Unversöhnlichkeit
Unwissenheit	Selbstachtung	Wut
Vergesslichkeit	Gleichmut	Stolz
Verhehlen	Rücksichtnahme	Böswilligkeit
Dumpfheit	Begierdelosigkeit	Begierde
Unglaube	Beweglichkeit	Starrsinn
Trägheit	Tatkraft	Neid
Achtlosigkeit	Vertrauen	Geiz
Vergesslichkeit	Verblendungslosigkeit	Heuchelei
Ablenkung	Selbstachtung	Eingebildetheit
Falschheit	Hasslosigkeit	Erregung
mangelnde Selbstachtung	Gewaltlosigkeit	Zorn
leidenschaftsverbundene Ansichten		mangelnde Selbstprüfung

Die inneren Stimmen

Vielleicht ist es dir auch schon aufgefallen, dass du in deinen Gedanken ständig mit dir selbst sprichst. So z.B. wenn du mit einer sportlichen Tätigkeit beginnen willst. Am Anfang noch voll motiviert, hörst du in dir eine Stimme, welche dich anspornt und dir Mut macht, durchzuhalten. Nach einer gewissen Zeit kommt eine weitere Stimme hinzu, die versucht, dich von deinem Vorhaben abzubringen bzw. dir einreden will, dass du das nicht schaffst oder es ja auch gar nicht notwendig hast. Wenn du nun noch genauer hinhörst, wirst du eine Stimme bemerken, die versucht, zwischen diesen beiden Stimmen zu vermitteln. Eine Stimme, welche einen Ausgleich zwischen den beiden

> *»Früher war alles besser!«*
> Der Verweigerer

Extremen herzustellen versucht. Dieses Stimmenphänomen läuft in der Regel unbewusst ab, gibt dir aber, wenn du genau hinhörst, eine weitere Möglichkeit, die drei Typen des mittleren Weges zu erforschen. Betrachten wir diese Stimmen am Modell einer Diät. Wenn wir diese beginnen, sind wir am Anfang noch voll motiviert und hören in uns eine Stimme, die uns anspornt und Mut macht, durchzuhalten. Wir hören unsere innere Stimme des inneren Antreibers. Nach einer gewissen Zeit kommt eine weitere Stimme dazu. Eine Stimme, die versucht, uns von unserem Vorhaben abzubringen bzw. uns einreden

»Ich will mehr«!
Der Antreiber

will, dass wir das nicht schaffen oder wir es ja auch gar nicht notwendig haben: die Stimme des inneren Verweigerers. Wenn wir nun ganz still werden und noch tiefer in uns hineinhorchen, werden wir eine leise Stimme hören, die versucht, zwischen den beiden Stimmen zu vermitteln. Eine Stimme, die versucht, einen Ausgleich zwischen den beiden Extremen herzustellen. Die Stimme unseres Typus der Achtsamkeit. Bei den drei Stimmen verhält es sich gleich wie bei den drei Typen des mittleren Weges. Sie treten meistens in Verbindung zueinander auf und eher selten als Einzelstimmen. So treten im Normalfall die Stimmen des inneren Verweigerers und die des inneren Antreibers immer als Gegenspieler auf und die Stimme des Achtsamen als Vermittler zwischen den beiden. Treten sie in ihrer Extremform auf, das heißt, ohne den anderen Pol, führt dich die Stimme des inneren Verweigerers in die Depression, während dich die Stimme des inneren Antreibers ins Burnout treibt. Je stärker du dich nun aus deiner eigenen Mitte in eine Richtung der beiden Pole bewegst, umso schwächer und leiser wird deine Stimme der Achtsamkeit. Bist du im Extrem des inneren Verweigerers oder des inneren Antreibers angekommen, ist die Stimme des Achtsamen nicht mehr zu hören. Ab diesem Zeitpunkt sollte man die Hilfe eines Profis suchen, damit man wieder den Weg in die eigene Mitte finden und ihn beschreiten kann. Sobald man die Stimme der Achtsamkeit wieder in sich gefunden hat, ist es wieder möglich, auch ohne fremde Hilfe den eigenen Weg weiterzugehen.

Kann mir jeder Experte helfen, meine innere Mitte wieder zu erreichen?

In unserer Gesellschaft findet man heute zahlreiche Experten, welche sich darauf spezialisiert haben, Menschen zu begleiten. Doch nur wenige haben sich bis jetzt bemüht, ihr Wissen der westlichen Wissenschaften um jenes des Ostens zu erweitern. Nur wenn ich den eigenen mittleren Weg gehe, kann ich für andere ein Begleiter auf diesem Weg sein. Ohne meine eigenen drei Anteile des mittleren Weges kennengelernt zu haben, wird es nicht möglich sein, diese Anteile in einem anderen Menschen zu erkennen. Möchtest du andere Menschen auf ihrem Weg in die eigene Mitte begleiten, musst du zuerst deine eigenen drei Anteile in dir erkennen und steuern lernen.

> *»Ich muss es schaffen!«*
> Der Antreiber

Die Stimme des Verweigerers

Die Stimme des inneren Verweigerers ist eine leise, müde wirkende Stimme. Du darfst dich jedoch von dieser Müdigkeit nicht täuschen lassen, denn die Stimme des inneren

Verweigerers verfügt über ein hohes Maß an Energie, wenn es darum geht, dich von deinem Vorhaben abzubringen. Ich kann nicht – es geht nicht – es funktioniert nicht – ich habe keine Zeit – ich würde ja, aber – ich möchte ja, aber: Das sind nur einige Floskeln, die gedanklich immer wieder erscheinen, wenn die Stimme des inneren Verweigerers zu dir spricht. Diese Stimme spricht mehr in der Ichform als in der Du-Form zu dir und führt am Ende in die absolute Passivität. Wenn sie ihr Ziel erreicht hat und dich von deinem Vorhaben abgebracht hat, tritt sie in den Hintergrund und wartet. Motiviert dich deine Stimme des inneren Antreibers wieder zu einem Vorhaben, meldet sie sich zurück und flüstert dir wieder zu, dass du das nicht brauchst, schaffst,

> *»Das kannst du nicht!«*
> Der Verweigerer

willst etc. Im Gegensatz zur Stimme des inneren Antreibers benötigt die Stimme des inneren Verweigerers immer einen Gegenspieler, da sie allein nicht in Erscheinung tritt.

Die Stimme des Antreibers

Die Stimme des inneren Antreibers ist eine kraftvolle, dynamische Stimme, ja, man könnte sogar sagen, hypnotisierende Stimme. Sie begeistert, pusht und spricht in der Sprache der Motivation. »Du kannst das, du schaffst das, du tust es« hören wir in uns als Standardsätze, wenn die Stimme des Antreibers in uns spricht. Die Stimme verfolgt nur ein Ziel, nämlich uns in Richtung ihres Zieles anzutreiben.

> *»Du musst durchhalten!«*
> Der Antreiber

Im Sport wird diese Stimme benützt, um Höchstleistungen zu erreichen und um die eigenen Grenzen zu überwinden. Jedoch handelt es sich hier um ein bewusstes Benutzen dieser Stimme und der damit verbundenen Energien, denn läuft die Stimme des inneren Antreibers unbewusst und unkontrolliert in uns ab, beschleunigt sie immer weiter, um am Ende in der völligen Erschöpfung anzukommen. Sie spricht meistens in der Du-Form zu uns und braucht keinen Gegenspieler. Kommt die Stimme des inneren Verweigerers ins Spiel und sagt innerlich zu uns »Ich kann nicht«, erwidert die Stimme des inneren Antreibers sofort »Du musst!« Man kann diese Stimme auch als die »Innere Peitsche« bezeichnen, die uns ständig antreibt.

> *»Ich gebe Vollgas!«*
> Der Antreiber

Die Stimme des Achtsamen

Man kann diese Stimme auch als die Stimme der Stille in uns bezeichnen. Sie verfügt über kein vorprogrammiertes Sprachmuster wie die Stimme des inneren Verweigerers oder die Stimme des inneren Antreibers, da sie jeden Moment, jede Situation in unserem Leben analysiert und auf Grundlage dieser Analyse zu uns spricht. Verharrst du im Extrem des Aufgebens, ermuntert dich die Stimme des Achtsamen, wieder aufzustehen und etwas zu unternehmen, was deine Situation verbessert. Unterstützt sie dich gegen die Stimme des inneren Verweigerers, tritt sie kraftvoll in Erscheinung, unterstützt sie dich gegen die Stimme des inneren Antreibers, wirkt sie beruhigend. Sie ist der Ausgleich zwischen den beiden Extremen und unterstützt dich dabei, wieder in deine innere Mitte zu kommen und dort zu bleiben. Da es sich hierbei aber um einen ständigen Prozess des Ausgleichs zwischen Anspannung und Entspannung handelt, tritt die Stimme des Achtsamen nie in den Hintergrund, sondern informiert uns laufend über jene inneren und äußeren Aktivitäten, welche uns aus der Mitte führen. Im taoistischen Symbol von Ying und Yang erkennst du die Harmonie der Pole, wenn sie durch Achtsamkeit stabil gehalten werden. In unserer hektischen Zeit haben wir aber leider verlernt, diese Stimme zu hören.

Achtsamkeit

Sati – die Kraft des Buddhas

Sati ist in seiner Qualität von grundlegender Bedeutung in den buddhistischen Wissenschaften und findet sich in allen buddhistischen Traditionen als Kraft des Geistes wieder. Die am häufigsten gebrauchten Übersetzungen des Pali-Begriffs *sati* sind Geistesgegenwart und Achtsamkeit. Doch auch diese Begriffe treffen nur zum Teil zu, denn sati ist mehr als reine Geistesgegenwart und Achtsamkeit. *Sati* als vollentwickelte Kraft wird auch in den Pali-Aufzeichnungen als Kraft beschrieben, die sogar übernatürliche Kräfte – wie etwa durch die Luft fliegen, auf dem Wasser gehen oder alles und jeden heilen zu können – weit übersteigt. Versucht man den Pali-Begriff *sati* in unsere Sprache zu übersetzen, scheitert man, da jeder Begriff unserer Sprache immer nur einen Teilaspekt von *sati* beschreibt, jedoch nie die Kraft von *sati* in ihrer Ganzheit.

> *»Das funktioniert nicht!«*
> Der Verweigerer

Wenn es für *sati* also keine eindeutige Übersetzung gibt, wie kann man diese Kraft dann verstehen und für sein Leben nutzen?

Wollen wir *sati* in seiner Ganzheit verstehen und erfahren, müssen wir die vier Wege, welche gelehrt wurden und die in der Pali-Sprache als die vier *satipatthanas* bekannt sind, beschreiten. Durch das Anwenden und Integrieren der vier *satipatthanas* in unserem Alltag entwickelt sich mit der Zeit wie von selbst die Kraft von *sati* und begleitet uns in die Freiheit unseres Wesens.

Doch was sind diese vier *satipatthanas* und wie beschreitet man sie?

Zerlegt man den Lehrbegriff der Pali-Sprache »*satipatthana*« in seine Wortbestandteile, entsteht daraus »*sati*« und »*patthana*«. Im Begriff *satipatthana* bezieht sich der Begriff *sati* als Wortteil auf die beiden Begriffe Achtsamkeit und Geistesgegenwart. Zusammengefasst kann man *satipatthana* also übersetzen als »Achtsamkeit und Geistesgegenwart, die als Grundlage zur Seite gestellt ist«.

Du hast von vier *satipatthanas* gesprochen. Kannst du mir das genauer erklären?

In den Lehrreden des *Satipatthana-suta* werden die *satipatthanas* unterteilt in

- Achtsamkeit, die sich auf den Körper richtet,
- Achtsamkeit, die sich auf die Gefühle und Empfindungen richtet,
- Achtsamkeit, die sich auf den Geist (auf den momentanen Bewusstseinszustand) richtet,
und

- Achtsamkeit, die sich auf die Geistesobjekte (auf die Bewusstseinsinhalte) richtet.

Diese vier Bereiche werden in den Pali-Texten als die vier *satipatthanas* bezeichnet, im Sinne von vier Hauptbereichen der Achtsamkeit. Achtsamkeit wird hier weitgehend identifiziert mit der Geisteshaltung und Übung des reinen Beobachtens. Durch das reine Beobachten reduziert man mit der Zeit die Identifizierung mit den sechs Sinnen und erwacht in jenem **einen** Geist, welcher in jedem Wesen zu finden ist und oft als Meister der sechs Sinne bezeichnet wird. In den buddhistischen Traditionen wird gerade deshalb auf die

»Mach schneller!«
Der Antreiber

Methoden des Geistestrainings durch Achtsamkeit besonders Wert gelegt, weil man nur durch diese letztendlich zur inneren Freiheit erwachen kann.

Ich frage mich, warum Menschen, welche keine Buddhisten sind oder sich unter letztendlicher Freiheit, Wesensschau oder ähnlichen Begriffen nichts vorstellen können, diesen Weg der Achtsamkeit beschreiten sollen?

Das ist eine gute Frage! Die Antwort darauf finden wir in den Kommentaren zu den Lehrreden der verschiedenen Schulen. So finden wir z.B. in den Lehren des Zen-Buddhismus fünf Arten der *Satipraxis*. Die erste Art, auch *Bonpu-Zen* genannt, richtet sich an jene Menschen, die etwas für ihre Gesundheit tun möchten, um z.B. Krankheiten psychosomatischer Art zu heilen. Diese Art der *Satipraxis* wird auf jeden Fall die

Gesundheit verbessern und den allgemeinen Gesundheitszustand heben. Die zweite Art nennt sich *Gedo-Zen* und beschreibt einen Weg, der sich außerhalb der buddhistischen Lehre befindet, um die Konzentration so weit zu steigern, dass sich Kräfte und Fähigkeiten in einem entwickeln, die jene eines normalen Menschen weit übersteigen. Jene Kraft, im Zen Buddhismus auch Joriki genannt, entsteht im Laufe der Zeit durch angestrengtes Trainieren der Konzentration von selbst und kann in allen Bereichen des Lebens eingesetzt werden.

Ist das gut, wenn ich diese Kräfte in alle Bereiche einsetze, z.B. zu meinem eigenen Vorteil?

Wie bereits oben erwähnt, wird das Praktizieren dieser Achtsamkeit als nichtbuddhistischer Weg gesehen, da sie auch für eigene Zwecke missbraucht werden kann. Die dritte Art der

Satipraxis im Zen nennt sich *Shojo-Zen,* auch bekannt als Hinayana oder kleines Fahrzeug. Bei dieser Art der Praxis geht es darum, die eigene Geistesverfassung der Verblendung zu erkennen und letztendlich in einer Art Erleuchtung zu verweilen. Die vierte Art nennt sich *Daijo-Zen,* auch bekannt als Mahayana oder großes Fahrzeug. Hier geht es darum, zum eigenen wahren Wesen zu erwachen, um dadurch den großen Weg im Alltag für sich und andere zu verwirklichen. Die fünfte Art der *Satipraxis* bezeichnet die höchste Form des Zen und nennt sich *Saijojo-Zen* oder auch höchstes Fahrzeug. Sie gilt als Ausdruck des absoluten Lebens, des Lebens in seiner reinsten Form. Daijo-Zen und Saijojo-Zen verbinden sich hier zur höchsten Form der Übung, in der das Ziel mit dem Weg verschmilzt und das Leben in reines Sein übergeht. Doch kommen wir zurück zu deiner Frage, warum jemand aus dem Westen, der kein

Buddhist ist und auch nichts mit Erleuchtung, innerer Freiheit oder Wesensschau zu tun hat, Achtsamkeit praktizieren sollte.

Ja genau, warum sollte ich das machen?

Wie bereits beschrieben suchen wir alle, bewusst oder unbewusst, nach Glück und Gesundheit, um unser eigenes Leben zu meistern und dadurch Leid zu vermeiden. Sowohl die erste als auch die zweite oben beschriebe Art der *Satipraxis* eignen sich hervorragend, um diese Ziele zu verwirklichen. Ab der dritten Art haben wir es mit einem Weg zu tun, der als klassisch buddhistischer Weg verstanden wird und deshalb von einem buddhistischen Lehrer begleitet werden sollte.

O.k., das verstehe ich. Wie in meinem Buch »Steh auf und geh weiter. Mein Leben mit Krebs – Achtsamkeit als Weg zur körperlichen und spirituellen Heilung« beschrieben, praktizierte ich während meiner eigenen jahrelangen Krebserkrankung verstärkt die beiden ersten Arten der *Satipraxis*, um meine Heilung zu unterstützen und meinen Krebs zu besiegen und ich ging erst nach meiner Heilung wieder zur Praxis der vierten Stufe über. In den schwersten Stunden meiner Krebserkrankung, in denen ich flehte, endlich sterben zu dürfen, entdeckte ich in mir eine Kraft, die alles Leid, alle Schmerzen überstrahlte. Ich wurde von dieser Kraft durch die schlimmsten Stürme meines Lebens begleitet und getragen. Am Anfang konnte ich diese Kraft nicht zuordnen, ich wusste nicht, woher sie kam.

> *»Warum etwas änder?«*
> Der Verweigerer

Später wurde mir klar, dass es sich um die Kraft meines eigenen Geistes handelte. Wann immer ich nicht mehr konnte oder wollte, sprach mein Geist zu mir und motivierte mich, weiter zu gehen. Ist das diese Kraft, von der du sprichst?

Ja und nein, denn diese Kraft ist ein Teil davon. In Japan nennt man diesen Geist kokoro, was so viel bedeutet wie Herz, Seele, Inneres. Wenn du einen Japaner fragen würdest, wo sich sein kokoro befindet, wird er wahrscheinlich auf seine Herzgegend zeigen. Fragst du einen Menschen aus dem Westen, wo sich sein Geist befindet, wird er wahrscheinlich auf seinen Kopf zeigen. Im Westen verstehen wir Geist als eine psychologische Fähigkeit unseres Gehirns. Im Osten wird aber mit Geist eine letzte Wirklichkeit beschrieben, die am ehesten unserem Wort »Selbst« am nächsten kommt.

Was aber ist nun dieser Geist, der unser größter Feind ist, der, wenn er ungezähmt ist, uns mehr schaden kann als alles andere auf dieser Erde, oder der, sofern er richtig trainiert wurde, unser größter Freund und Helfer ist und uns sogar von tödlichen Krankheiten heilen kann?

Im Buddhismus versteht man unter dem Geist ein erkennendes Bewusstsein. Der Geist ist die Erkenntnis bzw. das Gewahrsein. Er ist klar und erkennend. Die Begriffe »Geist«, »Bewusstsein«, »Erkenntnis« und »Gewahrsein« sind daher bedeutungsgleich.

Das heißt, man kann den Geist bzw. das Bewusstsein dadurch identifizieren, dass sie klar und erkennend sind?

Ja, wobei »klar« sich hier auf die nichtmaterielle, raumgleiche Natur des Geistes bezieht. Das bedeutet, dass der Geist ohne materielle Bestandteile und Merkmale ist und dass das Objekt dem Geist klar erscheint, wie auch in einem Spiegel die Objekte klar erscheinen und sich widerspiegeln. Natürlich muss der Spiegel sauber sein, damit man etwas sieht und auch keine Verzerrungen entstehen. Nur mit einem klaren Geist (Spiegel) kannst du die Objekte richtig erkennen. Erkennen bedeutet, dass der Geist die Fähigkeit besitzt, die Objekte so wahrzunehmen, wie sie sind, und sie ununterbrochen erfassen kann. Wesentlich für das Bewusstsein bzw. den Geist ist aber auch, dass das Bewusstsein keine Form oder Gestalt hat und weder Materielles noch Körperliches ist. Er ist einzig das Beobachten und das Wahrnehmen.

> *»Du tust es!«*
> Der Antreiber

Wenn der Geist, wie du sagst, nur das Beobachten und Wahrnehmen ist, wie sollte er uns dann schaden oder helfen können?

In Bezug auf seine Zustände unterteilt man den Geist in heilsame, unheilsame und neutrale Auswirkungen. Konzentrieren wir uns mit unserem Geist z.B. auf negative Gedanken, wird er unheilsam und es entstehen negative Gefühle. Aus diesen negativen Gefühlen resultiert eine innere negative Haltung. Daraus ergeben sich wiederum negative Handlungen im Äußeren, die uns und/oder unserem Umfeld schaden. Somit kann man sagen, dass für alle Handlungen und deren Auswirkungen auf individueller und kollektiver Ebene einzig der Geist verantwortlich ist. Wir erfahren und benutzen den Geist zwar ununterbrochen und identifizieren uns mit ihm, dennoch sind die meisten Menschen nicht dazu fähig, ihn zu erkennen, weshalb ihnen seine

Wesensart verborgen bleibt. Es verhält sich ähnlich wie mit einer Taschenlampe. Sie kann zwar mit ihrem Licht unsere Umgebung erhellen, sich selbst beleuchten kann sie jedoch nicht. Es ist daher notwendig, die Kraft unseres eigenen Geistes durch einfache Übungen zu starten. Einmal gestartet, beginnt diese Kraft unser eigenes inneres Entwicklungsmanagement zu aktivieren.

Energie und Widerstand

Kannst du mir erklären, was passiert, sobald ich mit dem Achtsamkeitstraining beginne?

Im Achtsamkeitstraining des mittleren Weges machen wir uns die Widerstände der eigenen inneren Anteile des inneren Verweigerers und des inneren Antreibers zunutze, um Energie zu erzeugen bzw. diese fließen zu lassen. Fliegen wir im Autopilotenmodus, das heißt unbewusst, durch unser Leben, produzieren wir zwar auch Energie, jedoch fließt diese Energie automatisch unseren beiden Polen des Verweigerers oder des Antreibers zu und verstärkt diese Anteile. Wollen wir nun unserem Teil der Achtsamkeit Energie zuführen, müssen wir uns bewusst entscheiden, eigene Widerstände zu überwinden. Stehen wir z.B. vor einem Lift und überlegen, dass es eigentlich gesünder wäre, die Stiege zu nehmen, der innere Verweigerer in uns aber alle möglichen Ausreden findet, um doch mit dem Lift zu fahren, müssen wir diesen eigenen Widerstand unseres inneren Verweigerers überwinden. Gehen wir danach zu Fuß über die Treppe, so ist natürlich auch das Treppensteigen für uns sehr gesund. Die Energie, die direkt unserem Geist zufließt, ist jedoch durch den überwundenen Widerstand gegen den eigenen Anteil des inneren Verweigerers entstanden. Und so können wir unseren Alltag dazu verwenden, Energie für unsere eigene Entwicklung zu produzieren, denn der ganz normale Alltag bietet laufend Möglichkeiten, eigene innere Widerstände zu überwinden.

In den Lehrreden wird behauptet: »Der Geist geht allem voran.« Ist damit gemeint, dass jeder inneren und äußeren Handlung eine innere mentale geistige Prägung vorangeht?

Ja genau, das ist damit gemeint. Wollen wir z.B. abnehmen oder ein neues Sportprogramm beginnen, geht dem natürlich eine innere geistige Prägung voran. Unser Problem besteht nun darin, dass durch diese innere geistige Prägung auch unsere beiden Anteile des inneren Verweigerers und des inneren Antreibers so zu sagen mit geboren werden.

Man kann also sagen, dass jedes innere und äußere Bedürfnis auch immer einen eigenen inneren Gegenspieler in unseren beiden Polen hat?

Ja genau! Wollen wir nun eine innere oder äußere Idee verwirklichen, werden wir auch immer mit einem der beiden Pole konfrontiert. Je stärker sich diese beide Pole nun über die Jahre in uns entwickelt haben, umso stärker werden auch die eigenen inneren Widerstände werden. Beginnen wir nun bewusst, diesen Widerstand zu überwinden, führen wir die dadurch entstehende Mentalkraft automatisch jenem Teil unseres Geistes zu, welcher für die heilsamen Geistesfaktoren zuständig ist. Diese Kraft im menschlichen Geist wird in den buddhistischen Wissenschaften als

> *»Ich habe keine Zeit!«*
> Der Verweigerer

Tatkraft bezeichnet, welche dafür zuständig ist, dass man heilsame Zustände des Geistes fördert. Sie ist der Gegenpol der Trägheit und dadurch eine direkte Gegenspielerin des inneren Verweigerers – so, wie Achtsamkeit ein direkter Gegenspieler des inneren Antreibers ist.

O.k., dass verstehe ich. Was ist als Erstes zu tun, um diese Energie, diese Kraft in mir zu aktivieren?

Das ist die richtige Frage. Diese Kraft lässt sich ganz einfach aktivieren, du musst nur dieses beobachtende Bewusstsein, welches bei uns als Achtsamkeit bekannt ist, wieder in deinen Alltag integrieren. Dafür habe ich die nachfolgenden vier Übungen für dich beschrieben. Sie sind sehr einfach und lassen sich überall im täglichen Leben anwenden und praktizieren.

ÜBUNGEN

Ü1 – Die unbewegte Ruhe

Nachdem du durch das Überwinden der eigenen Widerstände Energie erzeugt hast, kommen wir zur ersten Achtsamkeitsübung. Mit der ersten Achtsamkeitsübung Ü1 befinden wir uns im Bereich des Körpers. Hier geht es darum, die eigene Ruhe, die jederzeit im Körper vorhanden ist, zu spüren und wieder in unseren Alltag zu integrieren. Um diese Übung durchzuführen, brauchst du keinen bestimmten Ort oder bestimmte Geräte, denn diese unbewegte Ruhe ist ständig in deinem Körper präsent und abrufbar. Du brauchst nur deinen Geist auf die Wahrnehmung der unbewegten Ruhe zu lenken und schon beginnen sich dein Körper und dein Geist zu entspannen.

Kann ich diese Übung überall im Alltag durchführen?

Ja klar, dass ist ja der Sinn dieser Übung. Um diese unbewegte Ruhe wieder zu spüren und in deinem Bewusstsein zu verankern, gehe mit deiner inneren Aufmerksamkeit zu einem Körperteil, den du gerade nicht bewegst und der sich einigermaßen entspannt anfühlt. Am Anfang eignen sich besonders die Arme oder Beine für diese Übung, da wir im Rumpfbereich sehr leicht durch unsere Atmung abgelenkt werden können. Später, wenn du dich der unbewegten Ruhe wieder vollkommen bewusst bist, kannst du diese Übung in jeder beliebigen Körperregion durchführen. Gehen wir nun wieder zu jenem Körperteil zurück, welchen du für diese Übung ausgewählt hast. Du musst nun nichts anderes tun, als die unbewegte Ruhe in diesem Körperteil wahrzunehmen. Am Anfang ist es sinnvoll, diese Übung einige Minuten täglich durchzuführen. Später wirst du schon nach kürzester Zeit spüren, welch angenehmes Gefühl entsteht, wenn du dich dieser Ruhe in deinem Körper wieder bewusst zuwendest. Der Vorteil dieser Übung liegt darin, dass du dafür keine zusätzliche Zeit und keinen bestimmten Ort brauchst. Im Gegenteil, du kannst diese Übung mühelos in deinen Alltag integrieren. Wenn du z.B. geschäftlich mit dem Zug unterwegs bist, gehst du mit deiner Aufmerksamkeit zu einem Körperteil, den du nicht bewegen musst, und beobachtest die unbewegte Ruhe innerlich. Hast du dieses beobachtende Bewusstsein erst einmal wieder vollständig in dein Leben integriert, kann dadurch jede von dir ausgewählte Situation zu deiner persönlichen Erholung und Zentrierung dienen.

Oder wenn ich auf einen Termin warte, könnte ich ja, während ich sitze und warte, mit meiner Aufmerksamkeit innerlich zu meinem Oberschenkel gehen und die unbewegte Ruhe wahrnehmen. Ich benutze also bewusst Alltagssituationen, um mich zu erholen.

Ja genau! Und das ganz ohne zusätzlichen Zeitaufwand. Erinnere dich, wir machen den Alltag zu unserem Trainingsstudio. Wenn du die unbewegte Ruhe wieder in deinem Bewusstsein verankert hast, wirst du bemerken, dass, wenn du diese Übung praktizierst, automatisch deine Atmung in den Vordergrund deiner Wahrnehmung kommt. Dieses In-den-Vordergrund-kommen der Atmung ist dein Zeichen, dass du bereit bist, um zur nächsten Übung »Der bewegten Ruhe« zu wechseln.

Ü2- Die bewegte Ruhe

Bei dieser Übung wechselst du vom Beobachten eines unbewegten Körperteils zur Beobachtung deiner Atmung. Doch Vorsicht, es geht um reines Beobachten. Das heißt, du mischst dich in deine Atmung nicht ein. Ganz gleich, wie deine Atmung gerade läuft, sie ist immer richtig, was bedeutet, dass es auch nichts zu ändern gibt. Gleich wie bei der unbewegten Ruhe lässt du nun deinen Geist, deine Wahrnehmung auf der Atmung liegen und beobachtest, nimmst wahr. Nach einer gewissen Zeit wirst du bemerken, dass auch in deiner durch die Atmung erzeugten Bewegung des Brustkorbs Ruhe und Gelassenheit wahrnehmbar und spürbar ist. Später kannst du dieses Beobachten auf jede Bewegung ausdehnen. Dieses beobachtende Bewusstsein in dir kennt keine Hektik, da es ja nur beobachtet, ganz gleich, was es beobachtet. Das Wahrnehmen der unbewegten und bewegten Ruhe hat nun einen direkten Einfluss auf die Ruhe deines Geistes. Sobald du nun eine innere Stille in deinem Geist bemerkst, sprich eine Beruhigung deiner

Gedanken eingetreten ist, kannst du zur nächsten Übung wechseln, zur »Stimme der Stille«.

Ü3 – Die Stimme der Stille

Bei dieser Übung geht es darum, die Stille in unserem Kopf wieder wahrzunehmen. Im Normalfall hören wir laufend die Stimmen des inneren Antreibers oder des inneren Verweigerers in uns, auch wenn wir uns dessen meistens nicht bewusst sind. Durch die Übung der unbewegten und bewegten Ruhe schließen wir uns wieder an die Naturzeit der konventionellen Wirklichkeit an. Diese Naturzeit ist der Moment im Hier und Jetzt, ohne Vergangenheit und ohne Zukunft, einfach nur Jetzt. Sind wir erst einmal wieder mit dieser Naturzeit verbunden, so verstummt die Stimme des Antreibers und die des Verweigerers automatisch und wir hören die Stimme der

Achtsamkeit – die Stille. Wenn du während der ersten Übung, der Übung der unbewegten Ruhe, bemerkt hast, dass deine inneren Stimmen verstummt sind, dann musst du nicht zur Übung der bewegten Ruhe wechseln, sondern kannst direkt mit deiner Aufmerksamkeit von dem unbewegten Körperteil zur inneren Stille wechseln. Nimm die Stille in deinem Geist wahr. Doch Vorsicht, wechsle mit deiner Aufmerksamkeit erst, wenn deine inneren Stimmen auch wirklich zur Ruhe gekommen sind, denn erst dann bist du wieder an die Naturzeit angekoppelt. Wechselst du zu früh, wird das innere Geplappere wieder lauter und du musst mit deiner Aufmerksamkeit wieder zur unbewegten oder bewegten Ruhe zurückgehen. Der innere Verweigerer wird dir daraufhin gleich mitteilen, welch Unsinn diese Übungen doch sind und dass es ja sowieso nicht funktioniert. Hast du die innere Stille aber in deinem Bewusstsein erst einmal wieder verankert, kannst du diese innere Stille, gleich wie die unbewegte und bewegte Ruhe, jederzeit an jedem beliebigen Ort und in jeder Situation abrufen. Du hast dadurch die Möglichkeit, in den stürmischsten Zeiten deines Lebens einen sicheren Hafen der Entspannung und Ruhe als Zuflucht zu haben. Die Gefahr, an einer Stresserkrankung wie z.B. einem Burnout oder einem ähnlichen Syndrom zu erkranken, wird dadurch gleich null. Kannst du diese innere Stille über einen längeren Zeitraum (ca. 5 Minuten) halten, bist du bereit, zur nächsten Übung zu wechseln, zur »Weite der Stille«.

Ü4 – Die Weite der Stille

Mit »Weite der Sille« wird ein Zustand beschrieben, der weit über alle Entspannungszustände hinausgeht, welche mit normalen Entspannungstechniken erreicht werden können. Nachdem du nun die Stille in dir über zumindest fünf Minuten halten kannst, was ja nichts anderes bedeutet, als dass du während dieser Zeit im Hier und Jetzt verankert warst, bist du bereit, deine innere Aufmerksamkeit von der Stille in dir zu lösen und die Weite der Stille kennenzulernen. Da dieser Zustand nicht mehr mit Worten erklärt, sondern nur mehr erfahren werden kann, möchte ich hier keine weitere Beschreibung dieses Zustandes anführen, denn letztendlich würde es nur eine Beschreibung bleiben. Nur so viel sei gesagt: Hast du die Weite der Stille erst einmal wieder in deinem Bewusstsein verankert, gibt es nichts mehr in deinem Leben, das du nicht schaffen könntest.

Ja, aber wie weiß ich, dass ich die Weite der Stille erreicht habe?

Wenn du diese Stufe der Praxis erreicht hast, wirst du es aus einem inneren Verständnis heraus wissen. Auf dieser Ebene deines Geistes hast du einen direkten Zugang zu einer Energie, die wir auch als Weisheit bezeichnen können. Hier bedarf es keiner Worte mehr, um etwas zu verstehen.

Abwesenheit der Probleme

Wenn du diese Übungen in dein Leben integriert und eine gewisse Zeit praktiziert hast, wirst du einen Zustand erkennen und erleben, den ich als »die Abwesenheit der Probleme« bezeichne. Es ist ein Zustand der inneren Ruhe und Ausgeglichenheit, der es dir ermöglicht, auch in stürmischen Lebenszeiten deinen Weg weiterzugehen.

Ja, ich weiß, was du meinst. Auch in der schlimmsten Zeit meiner Krebserkrankung bin ich nie vom Weg abgekommen. Wenn es auch manchmal ganz schlimm wurde, so blieb ich doch nicht an den Problemen und Gefühlen hängen und konnte immer wieder meinen Weg weitergehen. Gerade diese innere Ruhe und Ausgeglichenheit, von der du sprichst, stellte sich immer wieder sehr rasch ein.

Genau darum geht es. Du hast durch das Praktizieren der Achtsamkeitsübungen eine innere Widerstandskraft entwickelt, die im Westen als Resilienz bezeichnet wird. Diese Resilienz ist nichts anderes als ein Gefühl der inneren Stabilität und Gelassenheit, welches dir in allen Bereichen deines Lebens hilft. Das westliche Modell der Resilienz, ist also nichts anderes als das östliche Modell des Loslassens.

Kannst du mir noch einmal in zwei, drei Sätzen erklären, wie das alles zusammenhängt?

Gerne! Durch das Praktizieren der angeführten Übungen aktivierst du das in dir vorhandene beobachtende Bewusstsein, welches wir als Achtsamkeit bezeichnen.

Durch dieses beobachtende Bewusstsein erkennst du, wann deine beiden Anteile des inneren Verweigerers und des inneren Antreibers aktiv sind. Dadurch kannst du aus dem automatischen Ablauf dieser beiden Pole aussteigen. Das Aussteigen bzw. Reduzieren dieser beiden Pole erzeugt nun in dir Tatkraft, welche wir, wie schon gesagt, auch als Resilienz bezeichnen können. Diese Tatkraft bzw. Resilienz ermöglicht es dir nun, die täglichen Anforderungen, aber auch die großen

> *»Wer andere besiegt, ist stark. Wer sich selbst besiegt hat Macht.«*
> Lao-Tse

Herausforderungen deines Lebens als Möglichkeit deiner Weiterentwicklung zu erkennen und zu meistern.

> *»Such Dir einen Meister wenn Du willst, aber Du wirst erst Fortschritte machen, wenn Du erkennst, dass Dir Dein wirklicher Meister jeden Morgen im Spiegel erscheint!«*
>
> ZEN-Spruch

TAGEBUCH

Tagebuch der inneren Anteile

Das Tagebuch unterteilt sich in zwei Bereiche. Im ersten Bereich geht es darum, aufzuschreiben, wo du den eigenen Einflussbereich durch Überwinden der eigenen inneren Widerstände erweitert hast. Vergiss nicht, dass du durch das Überwinden der eigenen Widerstände Energie für dein eigenes Entwicklungsmanagement produzierst, aber auch den Einflussbereich deines inneren Anteils der Achtsamkeit ständig erweiterst. Zugleich verringerst du den Einflussbereich deines inneren Antreibers und Verweigerers, was wiederum zu mehr innerer Freiheit führt. Mit der Zeit wirst du erkennen, welchen Typ du öfter überwinden musst. Beim zweiten Teil des Tagebuchs geht es ums Notieren deiner Reaktionen auf die täglichen Lebensereignisse. Nimm Situationen, welche dir einfallen und schreibe auf, wie du reagiert hast. Ordne diese Reaktion nun einem Begriff aus der Liste »die heilsamen und unheilsamen Zustände unseres Geistes« zu und trage diese Reaktion beim jeweiligen Typus ein. Je länger du nun dieses Tagebuch führst, umso genauer wirst du dich selbst kennenlernen. Du wirst sehen, welcher der drei inneren Anteile bei dir am häufigsten die Führung übernimmt. Es kann auch sein, dass du nach einer Zeit bemerkst, dass z.B. im privaten Bereich der Verweigerer die Überhand hat und im geschäftlichen Bereich eher der innere Antreiber oder auch umgekehrt. Wenn wir nun wieder zur Hirnforschung zurückgehen, wo wir eingangs festgehalten haben, dass es unsere Aufgabe ist, uns in Bezug auf unser Verhalten zu beobachten, um Schritte für unsere Weiterentwicklung setzen zu können, so sollte dir nun klar sein, warum du dieses Tagebuch führen sollst. Erst wenn du bemerkst, dass, sobald der

Verweigerer oder der Antreiber die Führung übernommen hat, du dich automatisch im Autopilotenmodus befindest, kannst du reagieren, um wieder bewusst die Führung in deinem Leben zu übernehmen. Nur im Achtsamkeitsmodus bist du in der Lage, deine Reaktionen bewusst zu beeinflussen. Je klarer du dich nun durch das Führen deines persönlichen Tagebuchs des mittleren Weges kennengelernt hast, umso gezielter kannst du Gegenmaßnahmen wie z.B. Achtsamkeit oder Tatkraft gegen den Verweigerer und Antreiber einsetzen.

Hinweis

Die im vorliegenden Buch enthaltenen Übungen sind sorgfältig erarbeitet und beschrieben worden. Dennoch erfolgen alle Angaben ohne Gewähr. Daher kann weder der Autor, noch der Verlag für eventuelle Nachteile oder Schäden, welche aus den praktischen Anleitungen resultieren, eine Haftung übernehmen.

Beispiel

Tagebuch der inneren Anteile

Widerstand	Aktivität	Überwunden
Ich mag nicht mehr laufen	Strecke zu Ende gelaufen	Verweigerer
Diät unterbrechen	Nichts genascht	Verweigerer
Lohnverhandlung steht schon seit 5 Monaten an	Termin mit Chef vereinbart	Verweigerer
Arbeit im Verein ist zu übernehmen	Nicht angenommen	Antreiber
Keine Lust zu laufen	Laufen	Verweigerer
Lift oder Stiege	Stiege	Verweigerer
Arbeit im Garten muss fertig werden	Pause zur Erholung eingelegt	Antreiber

Beispiel

Zuordnen Deiner Reaktionen auf Lebensereignisse anhand der heilsamen und unheilsamen Zustände des Geistes

Verweigerer	Achtsame	Antreiber
Vergesslichkeit	Achtsamkeit	Zorn
Trägheit	Gleichmut	Erregung
Ablenkung		Erregung
Ablenkung		Neid
Trägheit		Erregung
Ablenkung		Erregung
Trägheit		Neid
Ablenkung		Stolz
Ablenkung		Stolz
Trägheit		
Unglaube		
Trägheit		
Trägheit		

Der alte Mann und der Wolf

Ein alter Mann erzählte seinem Enkel von einem Streit mit seinem besten Freund, der zwar schon jahrelang zurücklag, ihn aber immer noch beschäftigte. Der Junge fragte seinen Opa: »Opa, was fühlst du, wenn du heute mit mir darüber sprichst?« Der alte Mann antwortete: »Es ist, als ob drei Wölfe in meiner Brust kämpfen. Der erste ist rachsüchtig und gewalttätig, der zweite ist feige und hinterhältig und der dritte ist großmütig und liebevoll.« Daraufhin fragte der Enkel: »Und welcher Wolf wird den Kampf in deiner Brust nun gewinnen?« Der alte Mann sah zu seinem Enkel, lächelte ihn an und sagte: »Der Wolf, den ich füttere, wird den Kampf gewinnen!«

Der kleine Junge strahlte seinen Opa an und sagte: »Dann ist es ja ganz einfach, du musst nur den Wolf füttern, der liebevoll und großmütig ist!« Der alte Mann sah in die strahlenden Augen seines Enkels und dachte: »Wie Recht du hast, im Grunde ist es ganz einfach!«

An Wut und Groll festzuhalten, ist wie heiße Kohlen mit seinen eigenen Händen zu halten oder den falschen Wolf zu füttern. Am Ende verbrennt man sich nur selbst! Gleich verhält es sich mit dem Füttern unserer beiden inneren Anteile des Verweigerers und des Antreiber. Lassen wir es zu, dass sie unser Leben, unsere Handlungen bestimmen und lenken, werden wir uns dadurch schaden. Der einzige Weg, frei zu entscheiden, wohin unser Leben gehen soll, liegt im Installieren des beobachtenden Bewusstseins der Achtsamkeit. Nur durch Achtsamkeit bemerken wir, wann wir unsere Wölfe füttern, und können gegensteuern. Seien Sie also achtsam, und füttern sie den richtigen Wolf.

Über den Autor

Andreas Herz gründet im Alter von 38 Jahren die Herz GmbH. Zwei Monate später wird bei ihm Darmkrebs im fortgeschrittenen Stadium diagnostiziert. Nach einem mehrjährigen Kampf gegen den Krebs, zahlreichen schweren Operationen, Strahlen- und Chemotherapien kämpft er sich zurück ins Leben und startet neu durch. Noch während seiner Erkrankung beginnt er ein Studium am Institut Seiner Heiligkeit, des Dalai Lama, um in die Kräfte des eigenen Geistes eingeweiht zu werden. Nach der Veröffentlichung seines ersten Buches »*Steh auf und geh weiter - Mein Leben mit Krebs. Achtsamkeit als Weg zur körperlichen und spirituellen*

Heilung« widmet er sich als Keynote Speaker & Trainer den Bereichen Mentalkraft & Motivation, um seine Kraft und sein Wissen in Vorträgen und Trainings weiterzugeben. Mit der Veröffentlichung des ersten Ratgebers seiner neuen Buchreihe »Der Buddha als Coach« mit dem Thema »Achtsamkeit« bringt Andreas Herz mit dem **»*HERZ-Resilienz-Training*«** ein komplett neues Konzept zur Bewältigung der täglichen Herausforderungen wie Stress, Zeitdruck, Umgang mit Krankheit und anderen Alltagswidrigkeiten auf den Markt und wird dadurch zu einem der führenden Experten im Aufbau und der Entwicklung von Resilienz. Als Vortragsredner, Autor und Experte für Mentalkraft und Motivation begleitet er Unternehmen, Organisationen und Menschen bei Veränderungsprozessen und im Aufbau von Resilienz.

Das Seminar zum Buch

Das *HERZ-Resilienz-Training*

Im Leben treffen wir immer wieder auf Situationen, die uns aus unserer eigenen Mitte, aus unserer Balance werfen! Ob in der Partnerschaft, der Kindeserziehung, im Berufsleben oder später in der Pension, alle Lebensthemen haben eines gemeinsam, die innere Balance wiederherzustellen stellt die meisten Menschen vor eine große Herausforderung. Als Kraft, um diese innere Balance wiederherzustellen, gilt im Westen »Resilienz«, im Osten »Achtsamkeit und Gelassenheit«. Widerstandskraft als westlicher Weg, Loslassen als östlicher Weg. Im **»*HERZ-Resilienz-Training*«** verbinden sich diese beiden Richtungen, um die täglichen Herausforderungen wie Stress, Zeitdruck, Umgang mit Krankheit und andere Alltagswidrigkeiten zu meistern.

Themenschwerpunkte

Innere Ruhe herstellen und dadurch
mit Belastungssituationen souverän umgehen und durch bewusstes Abschalten Zufriedenheit und Ausgeglichenheit herstellen

geistige Klarheit zu erzeugen, um
durch Aufmerksamkeit, Präsenz kultivieren und das eigene Denken beherrschen lernen

neue Wege zu beschreiten
um mit Leichtigkeit die eigenen Ziele und Visionen zu erreichen

und in eine Balance von Körper und Geist zu gelangen

sowie
durch Achtsamkeits-, Konzentrations- und Visionstechniken die eigenen Energieressourcen aktivieren und außergewöhnliche Leistungen erzielen.

Ihr Nutzen

Blockierende Denkmuster lösen sowie die eigene Wahrnehmungs- und Konzentrationsfähigkeit erhöhen

Mental- und Körpertechniken erlernen und

verborgene Kräfte aktivieren

Innere Ruhe und Klarheit herstellen, um Stresssituationen gelassen zu begegnen

Die eigenen Ziele und Visionen realisieren

Erlernen der wichtigsten Unterschiede und Synergien zwischen westlich-materiellem und östlich-mentalem Denken, um dadurch das persönliche Entwicklungsmanagement zu starten

> *»Glück ist kein Geschenk der Götter, sondern eine Frucht der inneren Einstellung.«*
>
> Erich Fromm

Vortrag zum Buch

Sie planen einen Kongress, eine Firmenveranstaltung oder ein sonstiges Event? Zu diesem Buch und den beiden Anteilen des Verweigerers und des Antreibers gibt es auch den passenden Vortrag. Und das heißt bei Andreas Herz vor allem eines: Motivation und sofort umsetzbare Strategien für den Alltag für Mitarbeiter, Geschäftspartner und Kunden.

Kontakt

Wenn Sie weitere Informationen zu meinen Büchern, Seminaren und Vorträgen möchten, würde ich mich über eine Vernetzung auf Facebook, Xing, LinkedIn oder Google+ freuen. Sie finden natürlich auch alles auf meiner website www.andreasherz.cc, wo Sie sich auch für meinen kostenlosen Newsletter anmelden können.

Arbeitsblätter

Welche Sätze, Gedanken und Bilder verwendet mein innerer Verweigerer?

_____

_____

_____

_____

_____

_____

_____

_____

_____

_____

_____

_____

_____

_____

Welche Sätze, Gedanken und Bilder verwendet mein innerer Antreiber?

Durch welche Sätze, Gedanken und Bilder
erkenne ich meine innere Achtsamkeit?

_____
_____
_____
_____
_____
_____
_____
_____
_____
_____
_____
_____
_____
_____
_____

Bei welchen Aktivitäten im Alltag kann ich den inneren Verweigerer überwinden?

_____

_____

_____

_____

_____

_____

_____

_____

_____

_____

_____

_____

_____

_____

_____

Bei welchen Aktivitäten im Alltag kann ich den inneren Antreiber überwinden?

_____
_____
_____
_____
_____
_____
_____
_____
_____
_____
_____
_____
_____
_____
_____

Durch welche Aktivitäten im Alltag kann ich die innere Achtsamkeit fördern?

Notizen

Weitere Bücher von Andreas Herz

Der asiatische Spruch »War der Tag nicht Dein Freund, dann war er Dein Lehrer« ist bezeichnend für dieses Buch. Viele Jahre war der Tag nicht der Freund von Andreas Herz. Das Leben führte ihn auf geheimnisvolle, lustvolle und zum Teil auch sehr schmerzhafte Weise heran an die Weisheiten des Lebens. Am Ende der Reise durch seine Krebserkrankung hatte er einen neuen Lehrer, einen neuen Meister gefunden – das Leben selbst.